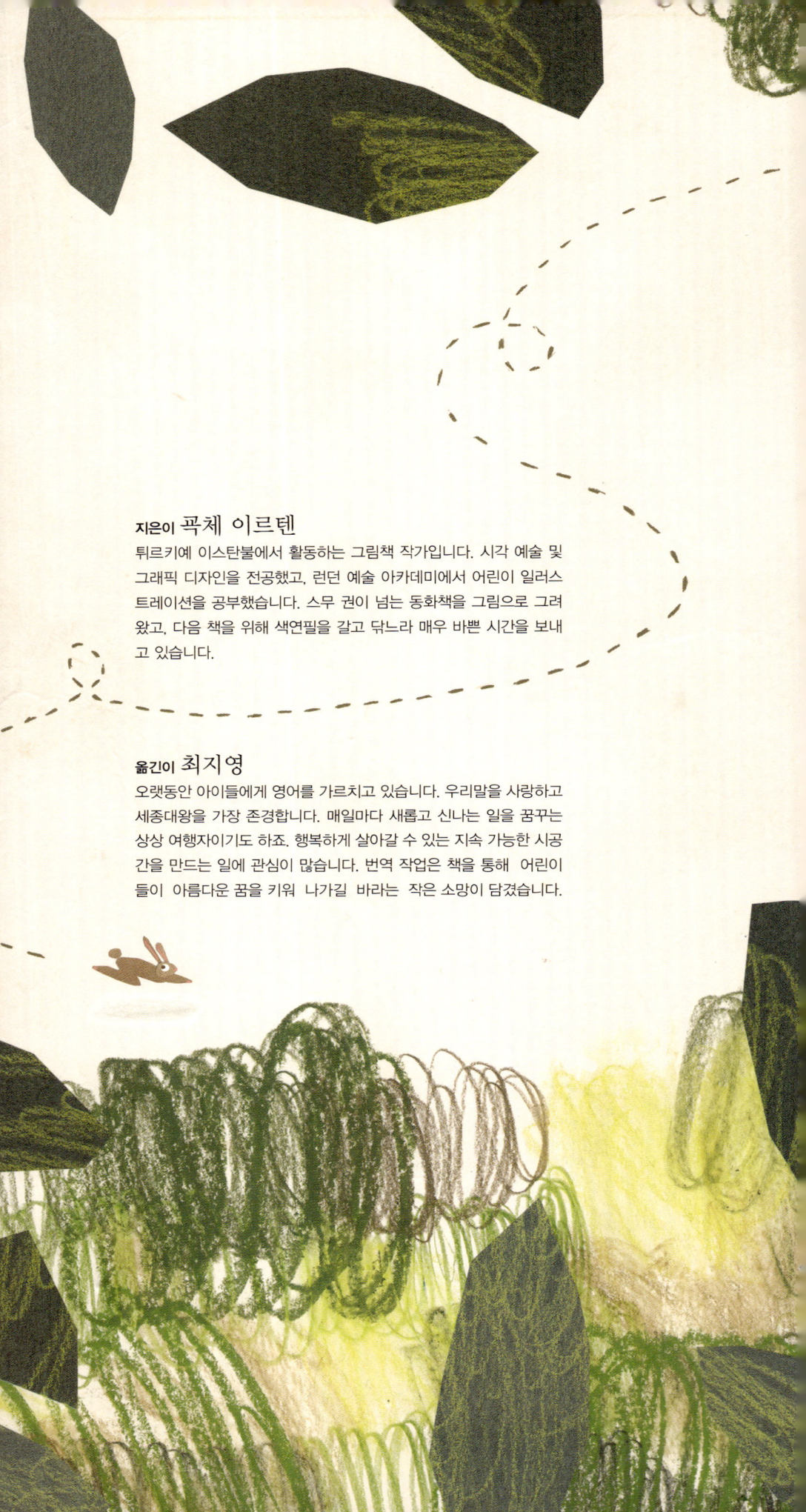

지은이 곽체 이르텐
튀르키예 이스탄불에서 활동하는 그림책 작가입니다. 시각 예술 및 그래픽 디자인을 전공했고, 런던 예술 아카데미에서 어린이 일러스트레이션을 공부했습니다. 스무 권이 넘는 동화책을 그림으로 그려 왔고, 다음 책을 위해 색연필을 갈고 닦느라 매우 바쁜 시간을 보내고 있습니다.

옮긴이 최지영
오랫동안 아이들에게 영어를 가르치고 있습니다. 우리말을 사랑하고 세종대왕을 가장 존경합니다. 매일마다 새롭고 신나는 일을 꿈꾸는 상상 여행자이기도 하죠. 행복하게 살아갈 수 있는 지속 가능한 시공간을 만드는 일에 관심이 많습니다. 번역 작업은 책을 통해 어린이들이 아름다운 꿈을 키워 나가길 바라는 작은 소망이 담겼습니다.

곽체 이르텐

그게
바로
너야!

동물의 세계에서 어떤 동물은 아주 높이 뛸 수 있고, 어떤 동물은 빨리 달릴 수 있어. 물속 깊은 곳까지 들어갈 수 있는 동물도 있고, 세게 물 수 있는 동물도 있어. 또 냄새를 잘 맡거나 멀리 볼 수 있는 동물도 있지.
그들은 누구일까? 그리고 이 동물들과 비교하면 너는 어때? 분명 너도 이 동물들과 비슷한 능력을 갖고 있거나 또다른 무언가를 잘할 수 있어.

먼저, 백조를 한번 볼까?
물갈퀴처럼 생긴 발과 날씬한 몸매는 백조가 물 위에
잘 뜰 수 있게 해 줘. 백조는 정말 완벽한 서퍼야.
모두가 그렇게 할 수가 있을까? 그럴 수는 없지.
하지만 슬퍼하지 마. 모든 것을 다 잘하는 사람은 없으니까!

속도　　　사람　　　　　　돼지　　　다람쥐
　　　　11km/h　　　　　18km/h　　20km/h

하마를 봐. 하마는 무거운 몸 때문에 백조처럼 물 위에 잘 떠 있을 수가 없어. 그렇다고 하마가 속상해할까? 하마는 그 사실을 알지도 못할 거야. 뚱뚱한 몸매가 하마가 빨리 달리는 걸 막을 수는 없지.

당나귀 24km/h   코끼리 25km/h   하마 30km/h

기린은 다리가 길어서 빨리 달릴 수 있어. 게다가 큰 키 덕분에 주위에서 일어나는 모든 것을 잘 볼 수 있고, 누구보다도 먼저 위험을 알아차려.
물론, 아래로 조금 내려다볼 수 있다면 말이야.
야~호! 너는 여기 있구나!

반면에 어떤 동물은 아주 잘 숨어.
마치 악어처럼 말이야.
그들은 차가운 피를 가졌어. 그건 악어가 주위에서 재빨리
움직이는 것을 잡기 위해 급하게 움직이며 에너지를 낭비하지
않는다는 뜻이야. 대신에 그들은 숨어서 기다리지.
그리고 지구에서 가장 무는 힘이 강한 동물이 되어 나타나.
두 눈을 크게 뜨고 있어야 해!

무는 힘　　　　　　　　　　　　　사자
0kg

그럼, 냄새를 잘 맡는 동물은 누구일까?
이 동물은 눈이 너무 작아서 잘 볼 수가 없어.
그래서 음식을 찾기 위해 코끝에 있는 특별한 냄새 감지기를
잘 이용하는 전문가가 되었단다.
그들은 누구일까? 그래, 바로 두더지야!

자신의 몸무게를 지탱하는 힘 | 코끼리 2배 | 사자 5배

여기 또 다른 음식 탐색가가 있어. 꽤 이상한 친구지.
쇠똥구리는 지구에서 가장 힘센 곤충이야. 자기 몸무게의 1,141배나
되는 동물의 똥을 쉽게 밀 수 있지. 흠. 그런데 쇠똥구리는
이렇게 살아가는 방법을 좋아하지 않을지도 몰라.
너라면 어때?

쇠똥구리
1,141배

힘든 노력은 최고의 재능을 발견하는 것을 도와 주기는 해.
모든 새 가족이 다 날 수 있는 건 아니야.
펭귄은 날개가 있지만 날 수는 없어.
하지만 그들은 133층 건물 높이를 나는 새만큼
물속 깊이 들어갈 수 있어. 아마도 그들은 다른 새들이
결코 맛보지 못한 먹이를 찾아내겠지?

좋아! 우리 점프를 해 볼까.
높이뛰기 최고의 자리는 이미 정해졌군.
하지만 잊지 마!
우리는 모두 각자의 방법대로 다르게 잘하는 것이 있단다.

나
50cm

북극곰과 개를 봐.
북극곰은 극지방의 거친 환경 때문에
동물의 왕국에서 가장 냄새를 잘 맡는 동물이 되었어.
개는 아주 발달한 냄새 감지기로 냄새를 맡고, 기억하고, 분석해.

북극곰과 개는 모두 필요에 따라
놀라울 정도로 먼 거리에서 나는
냄새도 맡을 수 있단다.

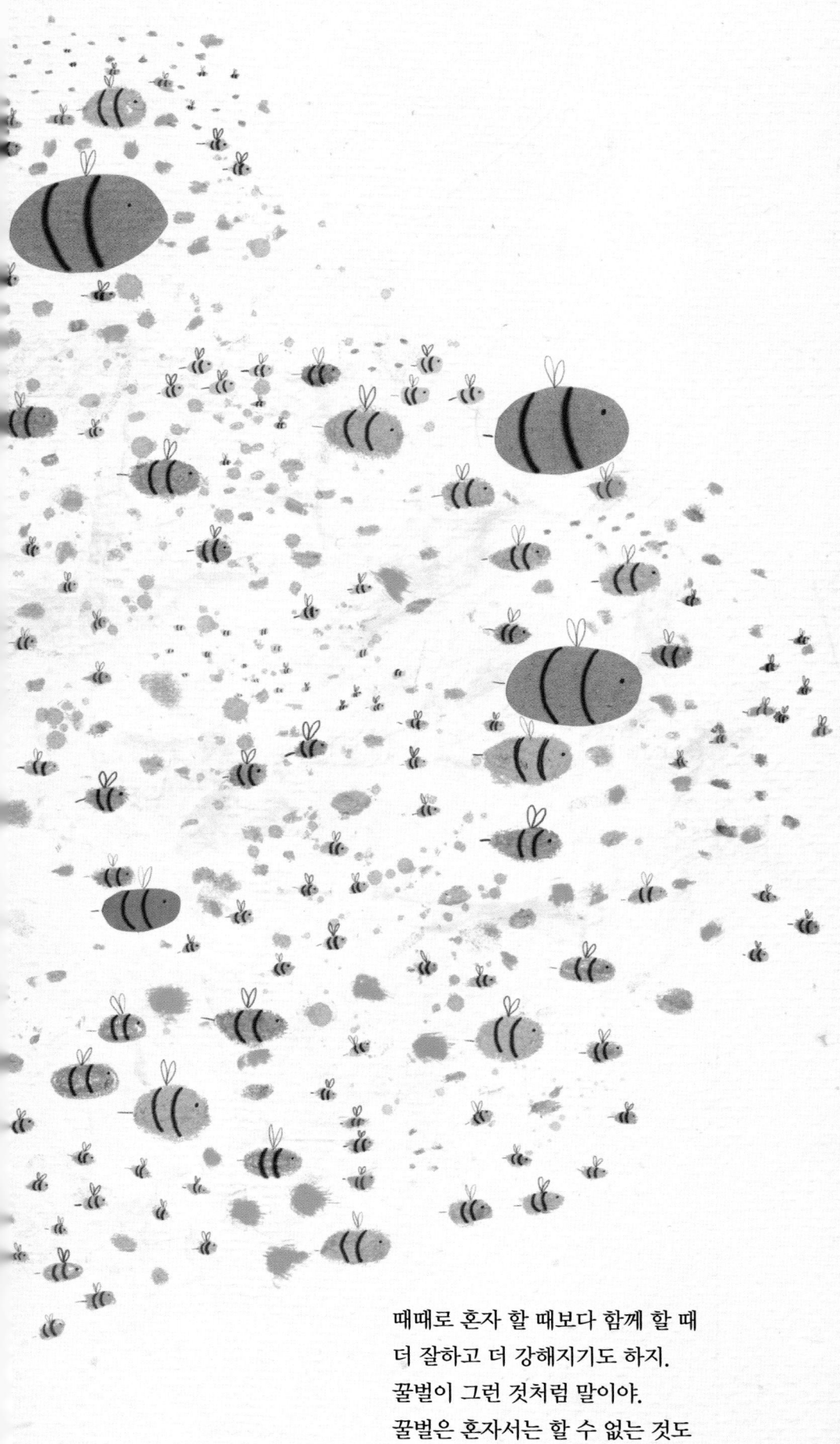

때때로 혼자 할 때보다 함께 할 때
더 잘하고 더 강해지기도 하지.
꿀벌이 그런 것처럼 말이야.
꿀벌은 혼자서는 할 수 없는 것도
여럿이 힘을 합쳐 알아내고 대응해.

그리고 여기 우리가 모두 꿈꾸는 삶이 있어!
이 동물은 아무것도 하지 않는 것을 제일 잘해.
아니면 그렇게 보이는 것일 수도 있고 말이지…….
나무늘보는 지구에서 가장 느린 포유류야.
활동에 필요한 몸속 에너지가 너무 적어서
에너지를 아끼기 위해 하루에 15시간을 잔단다.
그들은 인생을 아~주 천천히 살아가는 방법을 발견했고,
그것은 매우 성공이었어.

봤지. 다들 자신이 잘하는 것을 찾아내잖아.
그건 최고가 되기 위해서가 아냐.
꼭 최고가 될 필요도 없어.

그것은 너를 만드는 게
무엇인지 찾아가는 거야.
바로 너! 자신 말이야.